HYGIÈNE DE LA BOUCHE

SUIVIE DE

CONSEILS AUX MÈRES DE FAMILLE

sur les soins à apporter

LORS DE LA

PREMIÈRE DENTITION

PAR

ERNEST AMYOT

Médecin dentiste,

Médecin de la Faculté de Paris; médecin dentiste de l'ambassade de Perse,
des Asiles de la ville de Paris,
de la Société des sauveteurs médaillés du gouvernement,
du département de la Seine,
de la Société protestante de prévoyance, etc.

A PARIS
CHEZ L'AUTEUR
37, RUE CROIX-DES-PETITS-CHAMPS

—

1858

HYGIÈNE DE LA BOUCHE

Paris. — Typographie A. Wittersheim, 8, rue Montmorency.

HYGIÈNE DE LA BOUCHE

SUIVIE DE

CONSEILS AUX MÈRES DE FAMILLE

sur les soins à apporter

LORS DE LA

PREMIÈRE DENTITION

PAR

ERNEST AMYOT

Médecin dentiste,

Médecin de la Faculté de Paris; médecin dentiste de l'ambassade de Perse,
des Asiles de la ville de Paris,
de la Société des sauveteurs médaillés du gouvernement,
du département de la Seine,
de la Société protestante de prévoyance, etc.

A PARIS
CHEZ L'AUTEUR
37, RUE CROIX-DES-PETITS-CHAMPS.

1858

HYGIÈNE

L'hygiène est la partie médicale qui traite de la manière de conserver la santé.

Les dents étant, sans contredit, un des plus beaux ornements de la figure, et leur perte diminuant l'agrément de la physionomie, on ne saurait trop prendre de précautions pour les conserver, et éviter une haleine d'une odeur désagréable.

Combien de gêne n'éprouve-t-on pas, soit pour parler, soit pour broyer les aliments lorsque l'on est privé de quelques dents seulement !

Combien ne rencontre-t-on pas de personnes qui, si elles eussent pris soin de leur bouche, n'auraient point de maux d'estomac, de digestions difficiles et une santé altérée !

C'est qu'aussi, malheureusement, on ne songe à soigner ses dents que lorsqu'elles sont malades, ou que la souffrance nous y force, et alors, comme le corbeau de la fable, on se repent trop tard.

Convaincus, comme nous le sommes, que le défaut de soins hygiéniques est une des principales causes des maladies des dents et des gencives, nous ne saurions trop recommander de ne point négliger les préceptes de l'hygiène.

Nous allons nous occuper des soins que l'on doit apporter à la bouche, à toutes les époques de la vie.

Généralement les dents de la première dentition n'ont pas besoin de soins de propreté ; il n'en est point de même de celles de la seconde. Dès l'âge de neuf à dix ans, il faut avoir le soin de faire brosser les dents aux enfants trois ou quatre fois par semaine, avec une brosse moyennement dure, trempée dans l'eau pure. A cet âge les dentifrices ne sont pas utiles et par conséquent ne doivent pas être employés. Ce soin suffira pour maintenir les dents dans un état de propreté convenable et la bouche fraîche.

Cette précaution n'est pas toujours suffisante ; quatre ou cinq ans après on fera bien d'employer de temps à autre des dentifrices bien préparés. A cette époque de la vie, il faut commencer à se brosser les dents tous les matins, avec une brosse un peu dure, afin d'enlever le limon qui s'est déposé sur le collet des dents. Il ne faut pas craindre non plus de faire saigner les gencives, attendu qu'elles sont presque toujours engorgées. Il n'y a donc aucun inconvénient à cet égard.

Il faut rejeter l'emploi des linges pour le

frottement des dents, par la raison toute simple qu'au lieu d'enlever le limon qui existe sur les dents, on le foule dans l'interstice de celles-ci, et là il finit par se durcir.

Comme l'eau ne suffit pas toujours aux soins qu'exige la bouche, il faut employer des poudres faites avec des plantes odontalgiques, telles que les racines de quinquina, rathania, pyrèthre, calamus, etc.

On ne saurait être trop circonspect pour le choix de la poudre ; combien voyons-nous chaque jour de personnes qui perdent leurs dents pour avoir fait usage de poudres qui étaient recommandées pour les blanchir !

Malheureusement telle poudre qui n'a pas la propriété de blanchir les dents est réputée mauvaise et mise de côté.

Erreur, grave erreur ! l'usage de la poudre dentifrice n'est pas pour rendre blanches les dents, mais bien pour tonifier les gencives, et faciliter, avec l'aide de la brosse, l'enlèvement des mucosités dont les dents et les gencives sont chargées le matin.

Est-il besoin de dire que pour obtenir un poli et une blancheur parfaite, il faut user une partie de l'émail qui recouvre les dents ? A combien alors d'accidents graves ne s'expose-t-on pas ? L'émail étant la cuirasse de la dent elle-même, il faut bien se garder de chercher à l'amoindrir.

D'après ces motifs il faut rejeter les poudres dentifrices qui ont pour base soit le corail, la ponce, l'os de sèche, l'albâtre, etc., en un mot tout ce qui peut être susceptible d'altérer l'émail des dents.

Il est bon aussi de se servir d'Elixirs composés avec les racines ci-dessus. C'est au Chirurgien-Dentiste à prescrire celui qu'il croit le plus convenable à l'état de la bouche. Les Elixirs acidulés doivent être rejetés, attendu que les dents avec ces Elixirs s'altèrent. Il est vrai que dès le début elles deviennent blanches, mais la personne qui en fait usage est très-étonnée au bout d'un certain temps de voir l'émail de ses dents disparaître ; celles-ci prennent une couleur jaunâtre et sont sensibles aux plus petites pressions ; c'est que le phosphate calcaire qui compose l'émail se dissout, et laisse à découvert la substance gélatineuse des dents ; elles-mêmes finissent par se carier.

Les brosses sont le sujet de contradictions de la part des auteurs ; les uns n'admettent l'emploi que des brosses molles, les autres que celles dures. Les premiers donnent pour raison que l'on blesse les gencives et que l'on déchausse les dents. Pour moi, je pense que l'usage des brosses moyennement dures n'est nullement nuisible; bien loin de là, on en obtient de bons résultats, et ceci est facile à prouver.

Lorsque l'on frotte les dents avec une brosse molle, les crins de celle-ci n'ayant pas de consistance, se couchent et refoulent le limon, au lieu de l'enlever, où il finit par se durcir et occasionner le déchaussement des dents; tandis qu'avec une brosse moyennement dure, dont les crins sont fermes, en appuyant légèrement, on obtient un résultat satisfaisant; puis loin de blesser les gencives en les faisant saigner, on les dégorge et on leur donne de la vigueur. Je ne vois donc aucun inconvénient à l'emploi des brosses dures.

Outre les soins que je viens d'indiquer pour conserver ses dents, il est certaines précautions que trop souvent on néglige, telles que de se servir de celles-ci comme d'un étau, soit pour casser des noyaux de fruits, soit pour déboucher des bouteilles ou encore soulever des corps lourds.

On ne saurait trop recommander aux femmes de ne jamais couper leur fil avec leurs dents incisives ; cette habitude est cause que celles-ci s'ébrèchent.

Il faut aussi éviter l'emploi des cure-dents, soit en métal, en ivoire, en os ou en écaille, et ne se servir de ceux en plumes qu'avec beaucoup de précautions, attendu que l'usage trop renouvelé des cure-dents finit par décoller les gencives et donner un agacement général ; lorsqu'après ses repas on a la facilité de se rincer la bouche, on doit employer ce moyen préférablement à tout autre.

L'usage appelé *la goutte du docteur* n'a pas tous les inconvénients funestes que beaucoup d'auteurs lui donnent. Il suffit d'attendre deux ou trois minutes que le potage soit mangé, et l'on pourra boire sans crainte, la température de la bouche ayant à peu près repris sa chaleur ordinaire. Du reste, en ayant la précaution de ne point prendre ses aliments trop chauds, on obviera à cet inconvénient.

Il n'en est pas de même des boissons glacées ou des glaces. Il faut, autant que possible, s'en abstenir.

Pour les fumeurs, je leur conseillerai, si leur pipe est en terre, d'avoir le soin de garnir le tuyau, soit avec du fil, soit avec un bout de plume, afin d'éviter l'usure des dents qui servent à maintenir la pipe dans la bouche. Il faut aussi qu'ils aient soin de ne pas fumer trop vite, lorsqu'ils sont exposés à l'air froid.

Les fumeurs, moins que toutes autres personnes, ne doivent oublier les soins journaliers de propreté, afin d'éviter ces lignes noires que l'on remarque sur les dents de beaucoup d'entre eux.

Quant aux personnes qui portent des pièces artificielles, elles doivent avoir un soin plus minutieux de leur bouche, afin d'empêcher le tartre de les couvrir, et d'éviter une odeur infecte et insupportable.

Il est encore certaines précautions qu'il ne faut pas négliger. On fera bien, autant que possible, d'éviter d'habiter des lieux bas et humides. Si l'on était obligé de faire usage, pour boisson, d'eaux minérales, il est nécessaire, après avoir bu de ces eaux, de se rincer la bouche à grande eau.

Tels sont les conseils généraux que nous

croyons devoir adresser aux personnes, pour conserver leurs dents, organes si précieux pour la santé.

Combien de personnes, si elles n'eussent pas négligé les préceptes de l'hygiène, n'auraient pas recours aux pièces artificielles ! Combien aussi n'y en aurait-il pas qui jouiraient d'une meilleure santé, si elles se fussent astreintes à certains petits soins si faciles à exécuter !

CONSEILS
AUX MÈRES DE FAMILLE

Sur les soins à apporter

LORS DE LA

PREMIÈRE DENTITION

PATHOLOGIE.

Cette branche de la médecine comprend les maladies. Je ne parlerai que de celles qui affectent la bouche, et commencerai par celles qui sont occasionnées par l'éruption des dents.

Nous allons prendre l'enfant encore au berceau, et nous occuper des soins à lui apporter dans le travail de la première dentition.

Beaucoup d'enfants font leurs dents sans accidents, tandis que d'autres sont sujets à des souffrances qui parfois amènent la mort. Parmi les maladies qui se présentent lors de la pousse des dents, les unes appartiennent au travail de la dentition, et les autres peuvent être considérées comme maladies sympathiques. Il est aisé de savoir si l'évulsion des dents sera plus ou moins facile, d'après les accidents qui l'accompagneront.

Les affections qui sont occasionnées par le travail de la première dentition sont: l'inflammation et la salivation. Celles qui sont sympathiques sont : les convulsions, la diarrhée, les vomissements et quelques éruptions.

Lorsque l'éruption des dents doit avoir lieu, il se manifeste de la chaleur aux gencives ; la salivation devient abondante, et l'enfant porte presque toujours les doigts à sa bouche ; ses urines sont plus abondantes. Il est impatient, un rien le fait pleurer, et il se réveille en sursaut. La partie de la gencive où doit percer la dent est tendue, lisse et rouge ; cependant elle blanchit lorsque la dent va percer.

On se sert encore de nos jours, pour les enfants qui sont dans le travail de la première dentition, de hochets, soit en ivoire, soit en ambre, avec la croyance que ces objets faciliteront la sortie des dents. Qu'on se persuade bien que ces hochets sont tout à fait nuisibles, et qu'au lieu de faciliter l'éruption, ils la retardent. Ceci est très-facile à prouver. Le contact et le frottement continuels de ces corps forment des durillons qui présentent un obstacle beaucoup plus grand aux dents qui doivent sortir. Les hochets à employer doivent être un morceau de racine de guimauve, attendu que cette racine ramollit les gencives et facilite beaucoup le travail.

Jusqu'ici, je n'ai parlé que du travail naturel et sans danger pour l'enfant. Ce travail est loin de se passer toujours aussi favorablement pour lui. Il arrive de nouveaux dérangements : les digestions sont plus difficiles ; l'enfant vomit le lait et les boissons ; il vient une diarrhée jaunâtre ou verdâtre. Quelquefois, c'est le contraire : il est constipé ; la salivation est abondante, et les gencives sont très-douloureuses et tuméfiées. A cette période du travail, les convulsions se manifestent, la fièvre et le délire atteignent l'enfant, qui ne tarde pas à mourir, si de prompts secours ne lui sont donnés.

Je vais maintenant m'occuper des quelques causes qui peuvent déranger le travail de la première dentition.

Les opinions des auteurs ont varié jusqu'ici sur les causes qui peuvent déranger la première dentition, la rendre difficile, et quelquefois mortelle.

Les uns n'ont eu en vue que le plus ou

moins de sensibilité qui existe chez l'enfant; cette cause est la moindre de celles qui peuvent rendre la dentition difficile.

D'autres n'ont fait valoir que les efforts produits par la pression des racines sur le périoste alvéolaire. Enfin, il en est dont toute l'attention s'est portée exclusivement sur la résistance de la gencive à l'ouverture de la dent.

Si toutes ces causes prises isolément, ou même réunies, étaient les seules qui amenassent le danger de la première dentition, pourquoi tous les enfants ne seraient-ils pas exposés aux mêmes accidents à cette époque? Cependant, tout le monde sait qu'il existe une immense différence à cet égard; car il y a des enfants qui font toutes leurs dents sans que leur santé générale soit dérangée, sans qu'aucune de leurs fonctions éprouve la moindre perturbation, tandis que d'autres succombent, ou du moins éprouvent quelquefois des accidents très-graves. Quelle peut donc être la cause de cette difficulté?

Pour moi, je pense que s'il existe autant de divergence dans les auteurs à ce sujet, c'est qu'ils se sont bornés à chercher cette cause seulement dans la disposition anatomique des parties. Mais l'observation des faits convaincra que c'est de là que naissent les moindres obstacles à la terminaison heureuse de cette période critique de l'enfant.

Le défaut de soins hygiéniques et la différence des tempéraments, voilà quelles sont les vraies causes qui rendent, toutes choses égales d'ailleurs, cette époque presque innocente pour les uns, tandis qu'elle est mortelle pour les autres.

Et d'abord, pour le défaut de soins hygiéniques, est-il besoin de dire que chez un enfant trop ou trop peu alimenté, à qui on aura donné une nourriture de mauvaise qualité, et chez lequel, par conséquent, les fonctions digestives seront en mauvais état, la nutrition altérée et la constitution même détériorée, est-il besoin de dire que les dispositions anatomiques étant les mêmes dans les deux cas, chez cet enfant la dentition se fera dans des conditions moins favorables, et se compliquera plus facilement d'accidents que si la santé de ce même enfant eût été maintenue parfaite par des soins hygiéniques intelligents ?

La prédominance du système lymphatique ou nerveux est encore une cause importante et fréquente en accidents, à laquelle on a prêté peu d'attention.

Chez l'enfant lymphatique, les accidents de la première dentition sont dus à un ptyalisme glaireux trop abondant, avec relâchement des gencives, et gonflement des glandes sous-maxillaires; à des aphthes, des plaques couenneuses sur les lèvres, les joues, et surtout aux inflammations des muqueuses, de la conjonctive, du larynx, etc.

Enfin, chez l'enfant nerveux, lors de la dentition, la bouche est sèche et chaude, la diarrhée séreuse et âcre; l'enfant a des rougeurs à l'anus, et des feux volages vulgairement connus sous le nom de *feux de dents*. Il est agité, s'éveille en sursaut : beaucoup d'entre eux deviennent irascibles et colères à l'époque de la sortie des grosses dents.

Ainsi donc, les tempéraments dans ces cas n'étant pas les mêmes, chacun d'eux réclamera des attentions et des remèdes différents.

Pour le premier, il faudra un air vif, une nourriture animale, tel que bouillon, ou potages faits avec du bouillon de veau ou de poulet ; on lui fera prendre quelques bains presque froids, qu'on supprimera à l'époque où les dents seront pour percer. Enfin, on fera tout ce qu'il faut pour fortifier la constitution de l'enfant.

Pour le second, il faudra une nourriture végétale, beaucoup de bains d'eau de son, enfin tout ce qui est nécessaire pour diminuer une ardeur non naturelle et amener un relâchement convenable.

Il faut, pour l'un et l'autre enfant, que le lait qu'on lui donne soit de bonne qualité, et que la nourrice suive un traitement salubre, puisqu'il est de fait que le lait retient les qualités dont elle fait usage.

Un état contre nature des alvéoles et des gencives peut être aussi un obstacle à la dentition ; les premières peuvent avoir leurs parois par trop rapprochées, et les secondes leur tissu trop serré. On cite un exemple où l'alvéole était bouchée par un opercule osseux, qu'on fut obligé de briser pour permettre l'évulsion de la dent.

Comme on le voit par ce qui précède, on ne saurait trop employer les moyens indiqués plus haut, puisqu'ils ont pour but d'éviter des souffrances à des êtres faibles, et quelquefois la mort.

Les inconvénients que l'on observe à la seconde dentition sont loin d'être aussi graves que ceux de la première ; je dirai même que cette dentition s'opère presque toujours sans altérer la santé de l'enfant. Les affections locales sont les mêmes que celles de la première, et les affections sympathiques sont les maladies des yeux, des oreilles et les éruptions croûteuses du cuir chevelu.

Il est encore une époque où l'enfant, devenu homme, est sujet à des accidents plus ou moins graves. Je veux parler des inconvénients qui peuvent résulter de la pousse de la dent *dite de sagesse*. Cette dent n'a pas d'époque fixe pour son éruption. Le plus ordinairement elle pousse de 20 à 25 ans, quelquefois plus tôt, quelquefois plus tard.

Placée la dernière sur chaque bord alvéolaire des mâchoires, la dent *dite de sagesse* ne trouve pas toujours une issue facile, un espace assez libre et une favorable disposition des os maxillaires pour se produire, surtout lorsqu'elle survient tardivement. Il résulte de cet inconvénient une inflammation considérable, qui presque toujours se termine par une suppuration ; la fièvre survient, toute l'économie se trouble, et la personne éprouve des douleurs vives qui lui enlèvent le sommeil.

Le meilleur moyen de faire disparaître tous ces inconvénients, est d'enlever la portion de la gencive qui recouvre la dent. Je dis enlever, attendu que si l'on se bornait à inciser la gencive, elle ne tarderait pas à se cicatriser, et l'on serait obligé de recommencer. On prescrira des gargarismes émollients, des bains et des tisanes rafraîchissantes.

Quelquefois, il arrive que l'inflammation empêche le malade d'ouvrir la bouche; il suffira de faire l'application de quelques sangsues derrière l'oreille, et d'introduire dans la bouche une décoction de racine de guimauve et de tête de pavot, que l'on conservera dans celle-ci le plus longtemps possible; puis, soir et matin, on ordonnera un léger cataplasme presque *froid*, pour être appliqué, pendant une heure à peu près, sur la partie de la figure où se trouve l'inflammation. Il faut rejeter l'usage des cataplasmes *chauds*, car ils peuvent faciliter les abcès qui se forment dans l'épaisseur des joues, à percer en dehors, ce qui laisse des cicatrices désagréables. On est quelquefois obligé, pour faire disparaître la gêne des mouvements de la mâchoire, de faire l'extraction de la *dent* dite *de sagesse;* si cependant cette dent n'était pas assez sortie pour qu'elle puisse donner prise pour son extraction, il n'y a aucun inconvénient à pratiquer l'extraction de celle qui la précède, attendu que l'on soulage le malade, et que la dent extraite est remplacée par celle *de sagesse*.

Maintenant que je viens d'exposer les accidents qui peuvent survenir à chaque dentition, je ne saurais trop recommander de mettre en pratique les conseils qui précèdent.

FIN.

www.ingramcontent.com/pod-product-compliance
Lightning Source LLC
Chambersburg PA
CBHW060716050426
42451CB00010B/1478